Les recettes qui pourraient vous faciliter la vie

Du même auteur

Les recettes qui pourraient vous faciliter la vie
Tome 2 : Le Temps

Hervé Mina

Les recettes qui pourraient vous faciliter la vie

© 2020, Hervé Mina

Edition : Books on Demand,
12/14 rond-Point des Champs-Elysées, 75008 Paris
Impression : BoD - Books on Demand, Norderstedt, Allemagne
ISBN : 9782322208319
Dépôt légal : mars 2020

"Un livre de cuisine, ce n'est pas un livre de dépenses,
mais un livre de recettes."
Sacha Guitry

Table des matières

Préface

Certains se poseront la question, et à juste titre, mais c'est quoi son livre de recettes ?

J'essaye tout simplement et humblement de vous faire partager les choses que j'ai mis en place dans ma vie et qui, selon moi et selon mes proches, m'ont fait évoluer vers, je l'espère un meilleur moi.

Ces évolutions ont commencé il y a trois ans environ suite à des rencontres, des lectures, des apprentissages et l'envie de les transmettre à qui voudra bien les recevoir me travaillait depuis quelques temps.

Ceux qui me connaissent de longue date savent que je n'ai jamais été un grand lecteur et ne pouvaient pas se douter qu'un beau jour je passerai de l'autre côté du livre.

Mais bon voilà qui est fait ! Je me suis lancé et la lecture de ce livre et de mon blog https://gourmetsdelavie.home.blog/ vous apprendront comment j'ai pris cette route et comment je vis ces évolutions et comment j'ai "cuisiné" ces recettes.

Pour ce qui est du « style » ou de la manière de présenter cela, étant dans la cuisine depuis plus de 20 ans il m'est venu naturellement l'envie de retranscrire tout cela sous forme de recettes et c'est de là qu'est venue le titre.

De plus en présentant ces expériences de vie de la sorte, vous pourrez voyager dans le livre au grès de votre envie et de votre appétit du moment, sans avoir le besoin de le lire de façon « classique » mais réellement comme un livre de cuisine.

Introduction

Allez !! Allez !! On envoie !

La 5 attend ses plats depuis 15 minutes et la 2 n'a toujours pas eu ses entrées !

Voilà ce qui était mon quotidien depuis mes dix-sept ans, une vie de cuisinier pleine de belles rencontres et de jolis moments certes, mais aussi pleine de stress, de pression, avec une hygiène de vie déplorable, une vie familiale chaotique et une vie sociale proche du nul.

Notez que je ne me plains pas, puisque j'ai eu la chance de pouvoir vivre de ma passion, mais quand la passion devient dévorante alors, il faut se remettre en question et se poser les bonnes questions justement.

Aujourd'hui, je vis la cuisine autrement, et j'ai décidé d'accorder plus de temps et d'attention aux choses qui comptent vraiment, à commencer par prendre du temps pour moi, en offrir plus aux miens bien entendu et aussi donner de la valeur à tout ce que j'entreprends. Comme l'a si bien exprimé Gabriel Garcia Marquez :

"La vie n'est pas ce que l'on a vécu, mais ce dont on se souvient et comment on s'en souvient."

Concernant ma "vie de cuisinier", je livre simplement un constat en m'efforçant d'être le plus objectif et franc que possible. D'autres pourraient dire les mêmes choses, et pas que dans le milieu de la restauration. Artisans, ouvriers, dirigeants de PME, et beaucoup d'autres peuvent, à mon sens, se serrer la main.

Aussi, après trois ans de lectures, de rencontres, d'échanges, de travail sur moi. Je viens, sur ces quelques pages, vous présenter des recettes qui, comme elles l'ont fait pour moi, pourraient bien modifier votre vie.

Notez que je ne souhaite pas faire de cette collection un " recueil biographique", ça n'aurait pas de sens et guère d'intérêt, si ce n'est celui de gonfler mon ego, et je n'en ai pas l'envie et encore moins le besoin. Mais il semble inévitable que certains exemples soient pris à travers mon expérience.

Pas mal d'ouvrages, de coachs et autres vidéos proposent des changements radicaux, qui sont bénéfiques et certainement valables, mais qui ne s'adressent pas aux personnes qui travaillent « de leur main » et qui ont un rythme de vie décalé. Ici, je vous propose des recettes qui s'adaptent à tous genres de rythmes et qui sont modulables.

Ceci dit, on n'a rien sans rien, donc préparez-vous en tournant les pages à aller de surprise en surprise et aussi à devoir fournir plus d'efforts pour redevenir maître de votre vie et de votre temps dans des sujets très variés.

Les relations avec soi et avec les autres, l'éducation, les finances, la gestion du temps ….

Ensemble, je vous propose d'élaborer

Ce premier tome de la collection s'intitule "les fondamentaux", car à travers lui, j'ai voulu vous transmettre quelques bases, afin de pouvoir poursuivre vers d'autres sujets avec les tomes suivants. Se retourner vers soi, pour se retrouver et mieux se connaître. Redéfinir les fondations des relations avec les personnes qui nous entourent. Prendre de nouvelles habitudes afin de commencer à devenir une meilleure version de soi.

Les livres sont réalisés comme un livre de recettes afin que chacun puisse se l'approprier et l'adapter à son parcours. Et comme pour un livre de recettes si vous ne voulez pas le lire de façon linéaire, libre à vous de picorer les recettes comme bon vous semble.

Comme une recette de cuisine que l'on connaît par cœur, et que l'on peut librement adapter afin qu'elle soit à notre goût sans dénaturer sa base, les recettes que je vous présenterai sont faites pour s'adapter à votre style de vie. Au départ, comme pour n'importe quelle recette, je vous conseille de suivre les indications afin d'en comprendre le schéma et l'application, puis une fois la recette maîtrisée, laissez-vous guider par votre feeling afin de l'adapter à votre style.

Comme pour la cuisine, il faut connaître les bases afin de pouvoir, par la suite, faire ses propres recettes et créer son menu.

N'oubliez pas que vous êtes le seul chef de votre vie, alors enfilez votre toque et nouez votre tablier, on part pour la première recette !

Les recettes qui pourraient changer votre vie

Tome 1

Les fondamentaux

Le retour à soi

Les autres et vous

De nouvelles bonnes habitudes

Recette 1 : le retour à soi

Chapitre premier.

Recette 1 : le retour à soi

« Sois toi-même, toutes les autres personnalités sont déjà prises.»
Oscar Wilde

Liste d'ingrédients :

- o Confiance en soi.
- o Amour de soi.
- o Prendre de la hauteur.
- o Le lâcher prise.
- o Méditation pour un voyage avec vous.
- o Exercice physique.

Premier ingrédient :

Confiance en soi.

« À partir du moment où vous croyez en vous, vous saurez comment vivre. »
Johann Wolfgang von Goethe.

Suis-je à la hauteur ? Cette place, est-elle faite pour moi ? Serais-je un bon parent ? Est-ce que j'ai le droit à cela ou à ceci ? Tant et tant de questions qui restent dans la tête et qui tournent en boucle. Vous savez quoi ÉVACUEZ-LES ! La peur de l'échec, les doutes, la crainte de mal faire ne sont que des freins que l'on se pose sur nos propres roues, et tout ça bien souvent en premier lieu à cause de la peur du regard de l'autre.

Mais soyez bien conscient que l'autre justement, a de toute façon les mêmes questions sur lui-même.

Pour (re)prendre confiance en vous, je vous propose un exercice tout simple et qui ne vous demandera que 3 minutes par jour.

Placez-vous en face d'un miroir regardez-vous dans les yeux et dites-vous des choses positives telles que : "Oui, tu vas réussir cet examen." "Tu es bon en ce que tu fais et tes qualités sont grandes." "Aujourd'hui, je suis meilleur qu'hier."etc..

Ces phrases positives doivent être dites à haute voix avec toute la conviction qui est en vous dans une posture "de puissance". Certains vont argumenter " oui, mais je me trouve bête à faire cela". Il n'y a rien de bête à cela, cette méthode donne des résultats pourvu que l'on s'y tienne, et ce n'est pas que moi qui le dis mais Amy Cuddy qui est une psychologue et aussi professeur à la Harvard Buisness School.

Une minute le matin au lever, une minute en milieu de journée et une minute le soir avant le coucher pendant dix jours suffisent pour commencer à obtenir des résultats. Évidemment, vous pouvez répéter ce petit exercice avant un rendez-vous ou avant chaque moment que vous considérez comme important afin de vous booster et de gonfler votre estime de soi et votre confiance en vous.

Un bon exemple de confiance en soi un peu loin dans le temps est Christophe Colomb. Beaucoup ignorent que ce grand explorateur ne savait pas barrer et n'a jamais su donner les coordonnées de ses positions. Ceci dit, quand il a fait ses demandes aux grands de ce monde pour subventionner ses expéditions, il avait tellement confiance en lui et en ce qu'il pouvait faire que cette confiance l'a transformé et a convaincu ses interlocuteurs et plus particulièrement la Reine d'Espagne de financer bateaux et équipages.

"La confiance en soi est le premier secret du succès."
Ralph Waldo Emerson

19

Succès personnel, succès professionnel, succès amoureux, succès relationnel, peu importe : tous vos succès passeront par la confiance que vous vous porterez. Et de cette confiance en vous naîtra naturellement la confiance que vous pourrez donner aux autres et surtout celle que vous inspirerez aux autres.

Comment (re)prendre confiance en soi ?

Très bonne question n'est-ce pas ? Sachez tout d'abord que que la confiance en soi n'est pas innée, c'est quelque chose qui se travaille et qui s'apprend. À travers de petits conseils je vais vous guider vers le développement de cette confiance, je tiens à vous prévenir que ceux-ci, vont sans doute vous sortir de votre zone de confort et vous paraîtront parfois compliqués, mais je suis certain qu'ils vous apporteront l'estime de vous et le culot qui vous permettront de vous affirmer et de vous valoriser.

Métamorphoser vos craintes en énergie positive.

Bien des personnes ressentent une grande peur devant des situations nouvelles. Le réflexe premier est d'essayer de cacher cette nervosité et ceci au prix d'une énergie colossale, tant physique que mentale. Allez à contre-courant et transformez cette énergie en positif. Souriez, allez vers les autres et créez le contact. Au départ, même si vous ne ressentez pas l'assurance que vous affichez, le fait de prendre les devants, d'être avenant et d'afficher un large sourire rassurera votre interlocuteur et par effet de miroir vous serez aussi dans l'assurance et dans le gain de confiance.

Ne fuyez pas les regards.

Dès qu'on vous regarde vous baissez la tête ou détournez les yeux ? Arrêtez cette fuite du regard de l'autre. Nous l'avons vu précédemment la communication ne passe pas que par la parole, les regards comme les expressions corporelles sont très importants. Alors plongez votre regard dans celui de votre interlocuteur et communiquez aussi avec les yeux. Et dites-vous bien qu'il n'y a ni supérieur ni inférieur simplement deux personnes égales qui sont en réel contact.

Fixez des objectifs réalisables.

Le manque de confiance en soi naît bien souvent du sentiment quasi-continu d'échec. Ceci vient principalement du fait que nous nous fixons très souvent des objectifs inaccessibles et que l'on vise la perfection. Premièrement, la perfection n'est pas de ce monde donc inutile de vouloir l'atteindre. Deuxièmement, soyez réaliste avec vos capacités et connaissez vos limites. Bien sûr, il ne s'agit pas d'avoir des objectifs au rabais, loin de là, mais bien d'avoir des objectifs cohérents avec qui vous êtes et ce que vous pouvez accomplir. Pour ce qui est des buts à atteindre, si certains vous paraissent hauts ne vous découragez surtout pas ! Une méthode toute simple peut vous permettre de toucher au but : découper votre objectif en plusieurs étapes intermédiaires et avancez pas à pas tout en n'oubliant pas de vous féliciter à chaque étape passée avec succès jusqu'au but final.

<u>Accepter vos erreurs pour progresser mieux.</u>

Afin d'éviter les échecs, il faut reconnaître ses erreurs et apprendre d'elles. Ne vous blâmez par pour les erreurs commises, analysez-les avec froideur et recul. Vous pouvez le faire avec quelqu'un si cela vous aide, afin d'apprendre la chose la plus importante qui est de ne pas les commettre une nouvelle fois. Progresser passe aussi par le fait de ne pas reproduire les erreurs passées.

La confiance en soi est une affirmation de soi qui se traduit au jour le jour par vos attitudes et vos actions. La confiance en vous, en ce que vous êtes et qui vous êtes et l'un des plus beaux cadeaux que vous pourrez vous faire, alors n'oubliez pas de vous l'offrir tous les matins. Ne sous-estimez pas la puissance de la confiance en soi, celle-ci vous fera faire des merveilles et vous portera plus haut que vous ne pouvez l'imaginer. Bien sûr cette confiance et le complément parfait d'un autre ingrédient de cette recette du retour à soi, cet ingrédient n'est ni plus ni moins que..

Second ingrédient :

Amour de soi.

"L'amour de soi passe chez tout le monde avant l'amour du prochain."
Euridipe

Alors tout d'abord tordons le cou à une idée reçue : l'amour de soi n'est pas de l'égocentrisme ou de l'égoïsme.

L'amour de soi, c'est prendre soin de soi, autant niveau physique que spirituel. C'est aimer ses qualités comme ses défauts et faire en sorte d'être meilleur jour après jour.

Il est clair que ce n'est pas toujours facile et que nous nous voyons bien souvent moins bon, moins beau et moins intelligent que nous ne le sommes, car nous nous comparons trop souvent aux autres, et nous imaginons ce que voient les autres quand ils nous regardent. Il faut donc pour commencer par se dégager du regard des autres pour se regarder soi afin de pouvoir s'aimer. La société adore poser des étiquettes et ranger les personnes dans des cases, sortez de ce carcan et libérez-vous de ces liens.

Vous êtes qui vous êtes, votre vie est précieuse et pour aimer les autres et prendre soin d'eux, il faut d'abord s'aimer soi-même et prendre soin de soi.

Apprenez à vous regarder dans une glace et aimer ce reflet, vous le trouvez imparfait... C'est très bien, personne n'est parfait, mais vous êtes beau.

L'amour de soi est l'un des principaux ingrédients du retour à soi, mais il est aussi trop souvent le plus difficile à trouver, pourtant vous seul en avez les clés. Il est évident que tous, nous passons par beaucoup d'épreuves et d'étapes qui ne facilitent pas notre chemin.

Nous verrons plus tard les recettes pour faire de ces épreuves des atouts, et durant ces épreuves certains ne nous ménagent pas, voir nous rabaissent et nous font douter.

C'est alors que les deux premiers ingrédients du retour à soi sont primordiaux, car personne ne doit être capable de vous les enlever ou de vous en priver.

La confiance en soi et surtout l'amour de soi doivent devenir deux piliers de votre âme afin que personne ne puisse vous faire douter de vous.

Et n'oubliez pas que durant ce chemin de vie vous avez aussi connu des personnes qui ont participé à la construction de votre vous, et que ces personnes ont eu une influence positive sur vous et vous ont marqué par leur bienveillance.

Collectez ces messages positifs et bienveillants et faites la chasse aux messages négatifs afin de les supprimer de votre environnement.

Il est assez étrange de constater que souvent nous sommes plus durs et plus exigeants avec nous-même qu'avec les autres Ça devrait être le contraire, et pourtant non, nous passons notre temps à nous flageller mentalement pour telle ou telle chose que nous n'avons pas "assez bien faite". Prenez l'habitude de vous parler de façon positive, de vous encourager et de vous consoler, évidement il ne faut pas tomber dans l'extrême opposé, tout est histoire d'équilibre, mais n'hésitez pas à vous parler comme vous le feriez avec un ami qui serait venu se confier à vous.
Faites de vous votre meilleur ami

Troisième ingrédient :

Prendre de la hauteur.

"Plus on prend de la hauteur et plus on voit loin."
Proverbe chinois.

Voilà une chose qui, bien souvent, n'est pas si simple à faire. Mais d'abord, que veut dire cette expression ?

Prendre de la hauteur, c'est devenir l'acteur et en même temps l'observateur de la scène.

Pour illustrer cet ingrédient, je vous propose une analogie. Vous êtes sur un chemin, et vous voilà face à une forêt qui est adossée à une colline, cette forêt vous semble dense et on distingue mal les chemins, donc on ne sait pas quelle direction prendre.

Vous aurez compris qu'ici, je fais référence à une situation, un problème qui se présente à vous.

Vous avez plusieurs possibilités d'actions pour y faire face.

Si vous vous engagez dans la forêt comme cela, vous allez tâtonner, peut-être revenir en arrière et avoir l'appréhension de vous perdre. Pour la situation qui se présente, c'est la même chose, vous êtes dans la réaction, vous agissez sans trop savoir quelle sera la prochaine étape.

Prenez le temps de gravir un peu la colline, déjà la forêt vous apparaît moins compacte, des voies se dessinent plus clairement et un chemin semble pouvoir vous conduire de l'autre côté.

Grimpez tout en haut de ce mont et là, vous voyez toute la forêt, vous distinguez même votre destination finale, et la route qui y mène est claire. Oui, vous aurez pris un peu de votre temps pour grimper sur cette colline et cela vous aura demandé un peu plus d'efforts. Mais cet investissement de temps et d'énergie est couronné par un résultat, de plus cela vous aura sans aucun doute coûté moins que d'errer dans la forêt en espérant trouver la bonne voie.

La situation qui vous préoccupe demande aussi de prendre de la hauteur, pour la voir sous un autre angle, et pour en jauger l'étendue. Souvent, c'est en agissant ainsi que vous vous apercevrez que le problème n'est pas si gros que vous croyiez au départ, et que vous pouvez lui apporter une réponse, une solution.

Il est vrai que prendre de la hauteur peut-être un processus ardu à mettre en place. Mais cela s'apprend, avec de la détermination et de la patience. Un moyen efficace d'apprendre à prendre de la hauteur est de lâcher prise. C'est le prochain ingrédient de la recette que je vous propose de découvrir.

Quatrième ingrédient :

Le lâcher prise.

> *"Lâcher prise ne signifie pas que vous êtes faible, mais que vous êtes assez fort pour laisser aller." Josette Sauthier.*

À trop vouloir contrôler les choses qui nous arrivent et qui nous entourent, nous dépensons une énergie folle et nous laissons s'échapper la sérénité et le calme.

C'est là qu'intervient le fameux "lâcher-prise".

Alors le lâcher-prise, c'est quoi ?

C'est accepter ses limites et accepter que nous n'avons pas de prise sur certains éléments qui rentrent dans notre existence.

Voyons ensemble quelques clés qui vous permettront de parvenir à ce fameux état.

- **Définir sur quoi je peux et je ne peux pas agir.**

Beaucoup de choses échappent à notre contrôle, pourtant, on essaye, en vain, de vouloir aussi les contrôler. On perd donc temps et énergie sur ces sujets qui ne sont pas dans notre cercle d'influence (on verra plus loin ce qu'est le cercle d'influence). A vous de faire le tri de façon objective sur ce que vous pouvez changer, et ce, sur quoi vous n'avez aucune prise.

- **Se faire le scénario du pire.**

Si un souci vous préoccupe particulièrement, faites-vous mentalement le scénario du pire. Qu'est-ce qui pourrait se passer de « catastrophique » si la situation se dégradait au possible ? Une fois ce scénario en tête, vous verrez que même en face de cette situation vous pourrez apporter des réponses et créer une solution. À partir de là vous aurez un certain degré de soulagement et vous pourrez avancer. Et bien souvent vous constaterez que ce souci de départ ne débouche pas sur votre scénario du pire.

- **Concentrez-vous sur le moment présent.**

  Soyez focus sur l'instant T, souvent, on ressasse un passé que l'on ne peut plus changer, et on anticipe un avenir que nous ne pouvons pas connaître. Il est donc important de revenir au moment présent et de s'y consacrer afin de pouvoir le vivre pleinement. Je ne suis pas en train de dire qu'il faut faire l'autruche, le passé est précieux pour les leçons qu'il nous donne et l'avenir doit se préparer. Ceci dit le seul moment où l'on peut agir concrètement, c'est ce fameux « maintenant ». Prenez donc l'habitude de vivre le moment présent afin de libérer votre esprit des autres tourments du temps.

  Voilà trois clés qui permettent de commencer à lâcher prise.

J'aime comparer le lâcher-prise à un arbre. Il perd ses feuilles à l'automne. Il doit les laisser grandir et produire de nouvelles feuilles et des fruits les saisons suivantes.

L'ingrédient suivant vous aidera aussi dans le processus du lâcher-prise. Je sais que certains ne seront pas attirés par cet ingrédient et voudront sans doute le supprimer de la recette. Avant d'en arriver là, ayez une démarche de sceptique positif, et testez cet ingrédient, je vous assure que vous ne risquez pas l'indigestion.

Cinquième ingrédient :

Méditation pour un voyage avec vous.

"Comment définir la méditation ? Comme la sagesse à la recherche de la sagesse."
Shunryu Suzuki

Et là, je vous vois déjà lever les yeux au ciel... Pfuuu la méditation qu'est-ce qu'il veut que j'en fasse !

Figurez-vous que comme vous au départ, j'ai été plutôt sceptique voire même carrément avec des a priori négatifs sur la méditation. Pour tout dire, j'avais essayé des séances de méditation collective et j'en étais sorti sans rien de positif. Mais au plus, je lisais de livres sur le développement personnel, au plus les auteurs (français comme étrangers) parlaient de la méditation, au plus je réalisais les bienfaits que celle-ci pourraient apporter. Donc je me suis placé dans la position d'un sceptique positif et j'ai testé de nouveau, mais seul à l'aide d'applications sur smart-phone.

Aujourd'hui, je suis conquis et convaincu par la méditation quotidienne. J'irai plus loin : les fois où je n'ai pu méditer dans la journée et bien cette pratique m'a manqué !
Donc concrètement la méditation, c'est quoi ? Et bien encore une fois tordons le cou à une croyance populaire : méditer ce n'est pas ne penser à rien.

Méditer, c'est justement apprendre à lâcher prise durant un instant et laisser les idées, les pensées s'écouler sans les arrêter. Imaginez-vous au bord d'une rivière et voyez les feuilles qui sont charriées par le courant. Vos pensées sont ces feuilles et, comme pour la rivière qui les entraîne, il faut apprendre à laisser passer ces pensées le temps de la méditation. Au début, ce n'est pas simple et c'est pour cela que je conseille de vous aider via une application mobile telle que Mind, Serenity ou encore Zenfie. Toutes ces applications vous proposeront les premières séances d'apprentissages gratuitement et ceci est largement suffisant pour se familiariser avec la pratique de cette bonne nouvelle habitude - ah ! Les bonnes nouvelles habitudes... Encore une recette à découvrir plus loin dans ce livre - mais revenons à la méditation.

Pour la pratique, il ne vous faut que dix minutes par jour pour des bénéfices dans le temps qui sont incroyables :

- Une étude de 2004 a prouvé que la méditation aidait à mieux gérer le stress et à réduire les effets du stress négatif (oui, il existe un stress positif, nous verrons ça plus tard)
- Une étude de 2010 du Dr MacLean de l'Université de Californie démontre que la méditation à le pouvoir d'améliorer la concentration.
- En 2004, le Dr Davidson a mené une étude sur des moines pratiquant la méditation depuis plusieurs années et s'est aperçu que ceux-ci présentaient 30 fois les taux normaux d'ondes gamma. Ondes auxquelles on attribue l'intelligence, la compassion et le self-contrôle entre autres.

Côté pratique :

Installez-vous dans un endroit calme où vous serez sûr de ne pas être dérangé durant ces dix minutes. Prenez une posture adéquate (non, pas la peine de faire des nœuds avec vos jambes ou d'autres acrobaties), assis sur une chaise le dos droit et les pieds bien à plat au sol et ensuite prenez trois grandes et profondes respirations et laissez-vous guider.

Je peux vous l'assurer, la méditation dite "pleine conscience" n'est pas compliquée et ne demande pas de compétences particulières, si un cuisinier tendu, nerveux et sanguin a pu s'y mettre, je pense que vous pouvez aisément réussir !

<u>Sixième ingrédient :</u>

A table !

"Manger est bon. Avoir mangé est meilleur."
Anatole France / Les pensées de Riquet.

La nourriture spirituelle, c'est bien. La vraie, c'est mieux, me direz-vous. Je ne peux que vous donner raison. Toutefois, à table, il faut raison garder. Vous le savez les excès, quels qu'ils soient, sont néfastes à votre santé.

Entendons-nous bien, je ne vais pas ici vous dire qu'il faut tout arrêter : fromages, viandes, vins... Non ce n'est pas mon propos, je suis et reste un épicurien, mais un épicurien gourmet.

Vous connaissez tous la fameuse maxime : "ce que l'on mange est notre première médecine." Je suis d'accord avec cette phrase. C'est ce qui me fait dire que vous devriez :

- Équilibrer votre alimentation.
- Éviter les excès.
- Varier vos aliments.

Ce n'est ni mon rôle, ni mon travail de vous diriger vers un régime. En revanche, je peux vous dire d'écouter votre corps, votre éthique et vos envies. C'est une prise de conscience personnelle qui vous fera prendre le chemin d'une alimentation saine et positive, une alimentation qui vous conviendra.

Le rythme d'une vie qui s'accélère de façon affolante, le manque de temps, les propositions de facilités que nous offre la société, sont autant de facteurs qui nuisent à une alimentation plus saine.

Il ne s'agit pas de se priver ou de s'interdire de certains mets. Ceci conduit immanquablement vers la frustration, et je ne vous fait pas de dessin quant à la suite de cet engrenage.

Il s'agit donc de miser sur la qualité plutôt que sur la quantité. Vous adorez le chocolat ? Au lieu d'acheter trois plaques moyenne gamme au supermarché, achetez un chocolat de pâtissier, fort en cacao, avec de vrais arômes et un goût prononcé. Vous ferez un voyage gustatif, une réelle expérience des sens qui vous procurera plus de plaisir, et ce, avec un seul carré de chocolat au lieu de la demi-plaque habituelle. Et niveau portefeuille, votre budget sera sensiblement le même. Bref, vous serez gagnant sur tous les points.

C'est à chacun de trouver son équilibre alimentaire, bien sûr vous pouvez vous faire aider par un professionnel. Mais, si vous faites le premier pas de reprendre en main votre alimentation les effets seront très vite concrets. Tant sur votre physique que su votre mental, n'oubliez pas que l'alimentation est étroitement liée à nos émotions. Pour le dire de façon un peu rapide, si vous mangez positif, vous serez positif.

Chaque personne est différente et ce qui est bon pour l'une ne l'est pas forcément pour l'autre, donc éviter de copier le régime de votre copine qui a perdu 4 kilos en 1 mois. Il est logique d'en déduire que pour la nourriture, c'est la même chose. Évidemment certains paramètres sont valables pour tous : si vous mangez cinq fois par semaine dans un fast (fat) food, et ce qui que vous soyez, peu de chance que vous ayez une taille mannequin dans trois mois. Ces différences sont accentuées par notre "chronorythme" d'après Michael Breus (psychologue clinicien américain). Ses écrits montrent que, selon notre "chronotype", ce que nous mangeons est traité différemment selon la personnalité de chacun et aussi selon l'heure à laquelle on avale les aliments. Par exemple, j'adore le café et j'en buvais des quantités assez importantes à n'importe quelle heure, suite à la lecture de ses livres, j'ai testé, toujours en septique positif, de ne plus boire de café après 16 h 00. Le changement a été radical ! Plus de troubles du sommeil et plus d'aigreurs d'estomac. Deux maux qui me suivaient depuis des années.

Manger doit rester un plaisir et un moment convivial, rien de plus plaisant que de passer un bon moment en famille autour d'un plat fait maison. La cuisine offre la possibilité de partager de superbes expériences. Cuisiner prend un peu de temps, mais je pense sincèrement que ce n'est pas du temps perdu, surtout si vous avez des enfants. "L'éducation gastronomique" ne s'apprend pas à l'école, c'est au sein de votre foyer que vous pourrez la procurer à vos petits. Votre fils ne mange pas de carotte ? Allez au marché avec lui, achetez ensemble de belles carottes des sables, pour préparer un velouté de carottes au curry et huile de vanille par exemple. Mettez-vous aux fourneaux tous les deux et cuisinez ensemble ces magnifiques légumes. Au moment de passer à table, je peux vous assurer qu'il reprendra une seconde assiette de soupe, et cela n'a rien d'un miracle...

Septième ingrédient :

Exercice physique

"Exercice - Préserve de toutes les maladies : toujours conseiller d'en faire."
Gustave Faubert

Et de nouveau, je vous vois lever les yeux au ciel. "Comment veux-tu que je fasse du sport alors que je n'ai pas de temps, que je cours toute la journée et que je suis fatigué ?"

On se calme, on prend une bonne respiration et on se détend sur ce sujet. On ne parle pas ici de préparer un semi-marathon ou de se lancer à la course aux records.

Mais simplement faire entrer, encore une fois, une "bonne nouvelle habitude" dans votre quotidien, et pour cela, il ne vous faudra que quelques minutes de votre temps.

Pour cet ingrédient c'est comme pour la méditation, une "pin-cée" suffit à ressentir les bienfaits rapidement et sur le long terme, évidement il faudra être assidu et ne pas baisser les bras. Si vous avez décidé d'ouvrir ce livre c'est que, j'en suis sûr, vous voulez faire évoluer votre vie vers le mieux !

Pour ce qui est de la façon de faire, il y a plusieurs moyens, et là encore comme pour l'ingrédient précédent, il existe des apps gratuites qui proposent de vous faire bouger sur une série d'exercices à faire à la maison et sans matériel particulier, et tout ça en 7 minutes ! Ne me dites pas que vous n'avez pas 7 petites minutes à accorder à VOTRE corps. Et croyez-moi après ces 7 minutes vous vous sentirez re boosté pour la journée et l'énergie ne vous manquera pas.

Une autre possibilité est la marche à rythme soutenu, personnellement, c'est ce que moi, j'ai choisi. Une sortie quotidienne de 30 minutes minimum à un rythme cadencé vous permet de stimuler votre organisme et d'évacuer pas mal de mauvaises toxines. Pour ma part, j'ai choisi de le faire avec un partenaire, et croyez bien que celui-ci, il n'est pas possible de lui faire manquer sa marche quotidienne, ou plutôt ses marches devrais-je dire, je parle tout simplement de mon chien Oracle. Il adore ces sorties qui sont aussi importantes pour lui que pour moi. Pendant ces marches, en vous chronométrant, vous pouvez vous challenger de semaine en semaine, sur le même laps de temps essayer de faire plus de distance, donc d'augmenter votre rythme. Vous verrez ces petits challenges personnels sont hyper motivants et vous pourrez célébrer chaque victoire et vous en féliciter. Ceci est un point très important et nous verrons un peu plus tard en quoi cela consiste.

Si votre emploi du temps vous permet de vous inscrire dans un club c'est très bien, là encore mieux vaut aller dans un club avec un partenaire, vous vous encouragerez mutuellement et quand la motivation manquera à l'un, l'autre sera là pour le pousser à dépasser ce manque de motivation et à aller faire cette bonne séance de sport.

Pour les abonnements de fitness, j'émets une réserve, si vous prenez un abonnement du style "bonne résolution de début d'année" mais que vous n'êtes pas forcément adepte de ce genre de club, ce qui risque d'arriver est la chose suivante : au départ le fait de payer pour l'abonnement suffira à vous motiver, puis une fois pour x ou y raison vous ne pourrez pas ou ne voudrez pas y aller. On se dit " si je n'y vais pas aujourd'hui ce n'est pas si grave, j'irai un peu plus la semaine prochaine". Bien évidement il n'en sera rien et non seulement l'entraînement ne suit pas, mais en plus l'abonnement fini par être payé a fond perdu car " on sait jamais, je peux y retourner ".

Donc mieux vaut se tourner vers un sport que l'on aime avec un partenaire d'exercices ou faire ces fameuses marches à rythme soutenu quotidiennes, idéales si vous avez un compagnon à 4 pattes, ou encore passer au 7 minutes WorkOut. Même à des doses qui ne semblent pas énormes, il ne faut pas négliger les apports bénéfiques d'une pratique régulière sur votre corps.

Le Dr. Ch Ducasse nous informe que :" Par l'exercice, on peut améliorer tous les paramètres de la santé ; le taux de cholestérol, la glycémie, la tension artérielle et la santé mentale." Elle ajoute que " Être sédentaire constitue un facteur de risque aussi important que de fumer. Il faut bouger, même, si on ne fait que marcher. Notre corps est la plus belle machine qui soit, il faut en prendre soin."

Je ne perds pas de l'esprit que certains qui liront ces lignes sont, tout comme moi, amenés à rester en posture debout et à piétiner toute la journée, ce sont de mauvais pas et nous le savons tous. Ils sont la cause principale de la mauvaise circulation du sang dans les jambes et de la sensation de lourdeur que cela apporte. Une petite astuce en plus pour vous soulager de cette sensation et pour améliorer la circulation sanguine : surélever vos jambes quand vous êtes en position allongée, ou mieux encore maintenez les en l'air appuyées sur un mur pendant quelques minutes à la fin de votre journée, vous m'en direz des nouvelles !

Pour conclure avec cet ingrédient, je tiens juste à vous répéter qu'il ne faut pas négliger votre santé et cela passe par l'entretien de votre corps. Quelques minutes d'exercices hebdomadaires peuvent faire une grande différence et vous apporteront plus que vous ne pouvez imaginer. Alors commencez maintenant, oui, oui tout de suite fermer le livre pour quelques instants et commencez un 7 minutes workout ou allez marcher, mais quoi que vous fassiez, BOUGEZ !

Astuce du "chef"

Félicitez-vous et célébrez vos victoires (les grandes comme les petites).

> *"Le miracle de votre existence appelle à la célébration chaque jour."* Oprah Winfrey

Bien souvent nous sommes très durs et trop exigeants avec nous-même, nous l'avons déjà vu en abordant la confiance en sol. Ceci dit, quand une tache est accomplie ou qu'un succès arrive, il est rare que l'on prenne les lauriers. Ce qui nous vient, c'est : " oui, ben cette fois j'ai eu de la chance " ou encore, "ce n'est pas grâce à moi" ou le fameux " une fois n'est pas coutume". Eh bien, si on se changeait tout ça en ayant une vision positive et bienveil-lante ?

Prenez l'habitude de vous féliciter pour les victoires et réus-sites même si elles ne paraissent pas importantes, car croyez-moi toute victoire est importante. Alors que ce soit pour avoir réussi une tache au travail, avoir parcouru 250 m de plus dans votre marche quotidienne sur le même temps, faire rire votre compa-gnon (compagne) ou encore avoir diminué votre consommation de cigarettes n'hésitez pas, FÉLICITEZ-VOUS !

Un des réflexes positifs qui reste très important tant dans votre univers professionnel que personnel est de vous vous féliciter régulièrement, non par ego, mais plutôt pour nourrir votre estime positive. Faites-le avec vos propres mots. C'est vrai que l'on peut avoir l'impression que cela n'est pas efficace ni utile… Et pourtant s'auto-féliciter est un réflexe qui marche vu que cela va nourrir votre estime de vous-même.

Certains penseront que c'est de l'autosatisfaction, il n'en est rien, car se féliciter, c'est reconnaître ce qui est sur un sujet donné, non pas inventer quelque chose qui n'existe pas.

Il est aussi important de s'encourager avant une tâche, quelle que soit son importance, que de se féliciter une fois celle-ci achevée. Cela ferme la boucle d'une manière positive et nous donne de l'énergie pour la suite.

Recette 2 : Les autres et vous

Chapitre deux

Recette 2 : Les autres et vous.

"Agissez envers les autres comme vous aimeriez qu'ils agissent envers vous."
Confucius

Liste d'ingrédients :

o Respect
o Ecoute
o Compréhension
o Confiance
o Accepter les différences

Premier ingrédient :

Respect

"La liberté c'est le respect des droits de chacun ; l'ordre c'est le respect des droits de tous."
Marbeau

Certains pensent que le respect se gagne, d'autres diront que le respect s'offre. À mon sens il y a du vrai dans les deux façons de voir la chose, mais avant tout le respect s'apprend.

Une chose importante que j'ai apprise avec le temps est qu'il faut se respecter soi-même, car c'est en respectant d'abord notre propre personne qu'ensuite viendra le respect des autres.

Une loi immuable de la nature est que pour recevoir, il faut d'abord donner, il en va donc de même pour le respect.

Vous n'obtiendrez jamais le respect de quelqu'un que vous ne considérez pas ou que vous méprisez, et là encore la réciprocité est vraie, vous ne respecterez pas quelqu'un qui ne vous traite pas bien, et c'est tout à fait normal.

Le respect est donc basé sur un échange de valeurs et non sur un échange d'idées, il est tout à fait possible, et même préférable, de respecter quelqu'un qui n'a pas les mêmes points de vue que vous. C'est de là que naît le dialogue puis les négociations qui pourront aboutir à une entente. Si vous engagez une discussion sans respect réciproque celle-ci se retrouvera dans une voie sans issue.

Pour ma part, j'ai longtemps cru que pour me faire respecter, surtout au niveau professionnel, il fallait que je sois craint. Et donc quand j'ai eu à prendre mon premier poste à responsabilité qu'ai-je fait ? J'ai crié du matin au soir et du soir au matin pour tout et n'importe quoi, j'instaurai un climat de peur et je me croyais respecté de mon équipe. Il faut dire que dans ma branche cette manière de faire est très courante, et l'image du chef de cuisine " tout-puissant" dans sa cuisine a été très longtemps le seul modèle que j'ai connu. Heureusement pour le métier, cela commence à changer et les chefs tyranniques ne sont plus légion. Revenons à notre petite histoire, je criais donc à longueur de temps, jusqu'à ce que le patron vienne me dire :" Hervé, tu es un très bon cuisinier, par contre, tu es un très mauvais chef. On a eu la démission de trois seconds de cuisine en deux mois. Ce n'est pas qu'eux étaient mauvais, c'est toi le souci, tu ne sais pas parler à ton équipe. Il va falloir que TOI tu changes sinon je ne te garderai pas."

Il a donc pris sur lui de me désapprendre les modèles que je suivais afin de me faire apprendre de nouveaux paradigmes et de m'inculquer ce qu'est, en priorité, le respect. Et vous savez quoi, et bien cela a tout changé ! J'ai respecté tous les membres de mon équipe et pas seulement, j'ai respecté tous les membres du personnel et leur regard comme leur façon de me parler a évolué et tous s'en sont sentis que mieux et moi le premier. Mais je n'ai pas modifié cette façon de faire que dans le microcosme de mon lieu de travail, je l'ai appliqué partout et en premier lieu dans mon foyer.

Inconsciemment, j'avais reproduit le même schéma sous mon toit. Alors entendons-nous bien, je ne criais pas tout le temps à la maison, mais je pense que quelque part, j'avais installé une autorité malsaine. J'ai donc pris la direction opposée quant à ma manière de parler et de me conduire dans ma propre maison et là aussi les changements se sont opérés.

Cet exemple, très concret et personnel, démontre bien que sans respect le travail d'équipe ne peut pas se faire de façon saine et constructive, et cela, que ce soit dans une relation employeur/employé, subordonné/supérieur ou encore client/fournisseur.

Sortons du milieu professionnel, et poussons la porte de la maison pour découvrir où se place le respect dans la sphère privée.

- Tout d'abord dans le couple.

Sans amour, il va sans dire qu'un couple n'ira jamais bien loin. Mais les sentiments réciproques et mutuels, aussi forts soient-ils, ne suffisent pas pour faire durer une relation amoureuse. Tout comme la confiance (un des ingrédients de cette recette), le respect est un pilier du couple.

Respecter son/sa partenaire est primordial, mais se respecter soi-même l'est tout autant.

C'est pour cela que s'apprécier à sa juste valeur est important dans la relation amoureuse. Avoir une bonne estime de soi, ce n'est pas croire qu'on est meilleur que l'autre, c'est simplement reconnaître que l'on a une réelle légitimité et que l'on croit en soi.

Dans le couple, penser que l'on a cette légitimité et que l'on est un " moi", permet d'en faire de même avec le "moi" de l'autre. Chacun alors trouve sa place dans le "nous" et laisse la place nécessaire à l'autre, ceci est une preuve de respect.

Respecter l'autre, c'est aussi chercher l'équilibre dans l'échange et dans le dialogue. Et cet équilibre passe par dire ce que l'on a sur le cœur sans avoir peur de le faire et en choisissant ses mots avec soin. Il nous arrive à tous de ressentir de la colère ou au moins de l'énervement sur certains sujets dans une discussion avec notre partenaire. Dans ce cas-là, il faut s'avoir dire " je ressens de la colère là, laisse-moi un petit moment, je reviendrai vers toi pour parler tout à l'heure". Ceci évitera que des mots qui dépassent votre pensée ne blessent l'autre.

Une marque de respect dans le couple est aussi le soutien qu'on apporte aux actes de l'autre. Bien souvent, on passe à côté de cette reconnaissance, car dans le couple, ce que fait l'autre nous parait "normal". Pourtant remercier l'autre pour les gestes simples du quotidien est valorisant. Il aura la preuve que vous prêtez attention à ce qu'il fait, quand bien même ses petits gestes sont simples d'apparence. À un autre niveau, encourager sa moitié dans ses engagements et ses projets est aussi une preuve de soutien et de respect.

- Qu'en est-il avec les enfants.

Pour tous les parents, il va de soi que son enfant lui doit le respect, mais parfois le parent oublie que l'enfant lui aussi a le droit au même respect. Juvénal écrivait déjà dans ses satires sur Rome au premier siècle :

"Le plus grand respect est dû à l'enfant."

C'est avec le rapport aux enfants que le fait de donner avant de recevoir prend tout son sens. À votre avis, que se passe-t-il quand, dès son plus jeune âge, un enfant ne reçoit pas de respect ne serait-ce que d'un de ses parents ? Oui, vous avez entendu la réponse dans votre tête, il ne pourra certainement pas respecter celui-ci, et là peut commencer une boucle qui n'est pas vertueuse, loin s'en faut. Je ne suis pas là pour faire le procès de qui que ce soit, qui suis-je pour le faire d'ailleurs ? Mais si vous voulez apprendre le respect à votre enfant la meilleure façon de le faire, c'est de le respecter.

Un autre point que je souhaiterais mettre au clair est que le respect ne doit pas non plus être pris pour de la tolérance. On peut respecter une personne sans être d'accord avec ses choix.

Plus haut, nous avons vu que l'on peut - doit- respecter quelqu'un, quand bien même celui-ci n'est pas de notre avis.

Bien sûr, le respect ce n'est pas dire "oui" à tout, mais on peut contredire l'autre en le respectant et en lui faisant comprendre que nous l'avons bien écouté.

Respecter ne signifie pas avoir peur ou se soumettre à plus fort que soi.

Respecter, c'est apprécier et comprendre les arguments de l'autre afin d'en tirer les conséquences et de pouvoir, à son tour lui proposer les nôtres.

Deuxième ingrédient :

Écoute

"J'ai beaucoup appris en écoutant attentivement. La plupart des gens ne sont jamais à l'écoute."
Ernerst Hemingway.

Cette simple citation de Sir Hemingway en dit long sur ce qu'est l'écoute. Combien de fois avez-vous eu l'impression de parler au vent quand votre interlocuteur n'était pas pleinement concentré sur vos paroles ? Et combien de fois avez-vous répondu un " oui" passe-partout afin de mettre fin à une discussion que vous entendiez, mais n'écoutiez pas ?

Car oui, parfois, nous ne nous sentons pas écoutés et parfois, reconnaissons-le, c'est nous qui n'écoutons pas. L'ingrédient précédent, qui est selon moi le principal de la recette, ne peut pas être complet sans une écoute pleine et active.

Quand vous entamez une discussion avec quelqu'un, votre conjoint, votre enfant, votre supérieur ou encore un ami, veillez à ce que l'un comme l'autre ne fassiez que ça. Ne vous permettez pas de faire autre chose que ce dialogue. Ne laissez rien distraire vos attentions et restez concentrés sur votre binôme : c'est la base d'une écoute active. Avec cette base, vous serez prêts l'un comme l'autre à réellement écouter, vous serez connecté.

Écouter n'est pas juste une question d'entendre les dires de l'autre, il y a aussi une question de ressenti ainsi que de perception d'une dimension affective qui n'est pas toujours verbalisée. En écoutant activement une personne, on peut apprécier le ton de sa voix et y déceler des informations aussi importantes que dans ses paroles. Il faut aussi savoir "écouter" la posture de son vis-à-vis. Sans avoir fait des études du comportement, on peut arriver à déterminer selon la posture de quelqu'un son état émotionnel. Vous l'aurez compris, écouter ne passe pas que par les oreilles. Évidemment, il y a aussi le regard, ce fameux miroir de l'âme. Beaucoup de choses passent par ce biais, on le sait tou. Ecouter quelqu'un en le regardant dans les yeux est la meilleure assurance pour lui de savoir que ce qu'il dit va au plus profond de votre être.

Pour écouter, il faut donc créer un environnement d'écoute. Pas la peine d'essayer d'avoir une discussion constructive entre deux portes, ou à la machine à café pendant une mini pause. Choisissez vos moments et vos lieux. Par ailleurs, selon votre interlocuteur les moments et les lieux changeront.

Prenons par exemple un ado - j'en ai deux à la maison au moment où j'écris ces lignes. Inutile de vous dire que le prendre au réveil est peine perdue, et que le faire se concentrer sur un sujet le soir après le repas alors que son souhait est de se distraire après la journée de classe est aussi un challenge.

Ce que je préconise, si vous en avez la possibilité, c'est la salle de bain au retour de l'école, ce huis clos est idéal pour avoir son attention et la discrétion qu'il recherche, bien sûr, il faut instaurer aussi la base, c'est-à-dire pas de distraction : téléphones coupés et dans une autre pièce et porte fermée, mais pas à clé. Vous voilà prêt l'un comme l'autre à vous connecter et à parler dans les meilleures conditions. Mais pourquoi la salle de bain me direz-vous ?

Car cette pièce est neutre, elle n'a pas d'identification comme votre chambre ou la sienne. On peut la fermer pour être sûr de ne pas être dérangé. Plus haut, j'ai notifié de ne pas la verrouiller, c'est important, car rien n'est plus mauvais pour l'écoute que de sentir coincé, on ferme la porte pour être tranquille, mais on n'est pas enfermé. Et si vous avez peur de vous faire déranger par un autre membre de la famille, créez simplement un code à mettre sur la porte pour signifier que la salle de "conférence" n'est pas disponible.

Un autre exemple avec votre conjoint : évitez les discussions dites " sérieuses" dans la chambre, je ne parle pas des petits moments de parlotes après un câlin, ou encore les discussions organisationnelles du matin, mais de vrais dialogues sur les sujets qui importent. Ce sanctuaire doit être exclusivement consacré à votre repos et à vos ébats amoureux. Pour une écoute active avec votre partenaire, choisissez un endroit neutre également et si possible en dehors de la maison et sans les enfants. Oui, je sais ça fait beaucoup de paramètres, mais si vous voulez écouter et être écouté alors il vous faut réunir ces conditions pour vous connecter à votre conjoint et que l'un comme l'autre soyez consacré à cette discussion.

Un dernier exemple, qui sera en deux parties, dans le contexte professionnel
   1. Point de vue du " subordonné".

Quand votre supérieur vous convoque pour x ou y raison dans son bureau pour parler, là pas le choix n'est-ce pas. Et bien souvent, il parle, vous écoutez et on ne peut pas toujours appeler cela un dialogue. Mais quand c'est vous qui demandez à lui parler et que vous avez réellement envie qu'il vous écoute attentivement alors je vous suggère de lui demander de venir dans votre bureau. Ou mieux encore, si les locaux le permettent, de choisir un endroit neutre comme, la cafeteria au moment où il n'y a pas de repas ou une salle de conférence vide. Votre supérieur trouvera sans doute cette demande "particulière", cela ne fait rien, affirmer simplement que vous souhaitez l'entretenir sur un sujet qui vous tient à cœur et que vous avez vraiment besoin de toute son attention. Vous lui demandez ceci par souci d'efficacité afin d'être le plus bref possible, en étant sûr de ne pas être ni l'un ni l'autre dérangé. S'il refuse, soyez certain que l'entretien que vous envisagez n'aura pas l'attention attendue.

2. Point de vue du "supérieur".

Si vous en avez la possibilité, quand vous devez parler à un subordonné, sans qu'il ait sur lui la pression de la hiérarchie. Pensez à avoir cette discussion dans un endroit neutre, comme ceux nommés dans le point 1. Votre employé/collaborateur sera plus détendu et en confiance, il sera alors débarrassé des questions qui pourraient polluer son esprit : " pourquoi cette convocation dans le bureau ?" ou "qu'est-ce qui va encore me tomber sur la tête ?" ou encore " A-t-il besoin de me mettre dans son bureau pour assoir son autorité ?"
Vous aurez alors toute son attention et vous pourrez entamer un dialogue constructif avec une écoute active. De plus, cela vous libère aussi des interruptions téléphoniques ou encore des personnes qui frapperont à la porte pour x ou y motif.
Vous l'aurez compris à travers ces quelques exemples, l'écoute est bien plus qu'une simple question d'ouïe. Et n'oubliez pas que cet ingrédient est, comme le sont tous les ingrédients de cette recette, bilatéral.
Et comme le disait François de La Rochefoucauld :

"Il faut écouter ceux qui parlent, si on veut être écouté."

Aussi, ne croyez pas qu'écouter de façon pleine et entière quelqu'un qui n'est pas du même avis que vous est une perte de temps. Car si vous devez argumenter dans l'autre sens, en ayant écouté ce qu'il a eu à dire vous pourrez aligner des arguments précis pour défendre vos idées.

Aussi, ne croyez pas qu'écouter de façon pleine et entière quelqu'un qui n'est pas du même avis que vous ou qui a des opinions différentes est une perte de temps, car si vous devez argumenter dans l'autre sens en ayant écouté ce qu'il a eu à dire vous pourrez avoir des arguments précis pour défendre vos idées par rapport aux siennes.

L'écoute sera toujours votre meilleur outil dans les relations avec les autres, car se sera par elle que vous déterminerez si oui ou non celles-ci dureront.

Troisième ingrédient :

Compréhension

Il n'y a pas que les mots pour la compréhension, mais un mot juste parfois peut tout changer."
Gille Léveillée / Les paysages hantés.

Voilà un ingrédient qui est précieux et délicat. Précieux dans le sens où celui-ci nous permet de trouver la signification de ce qui est différent chez l'autre. Délicat, car il est subjectif et donc sujet aux interprétations.

Vous l'aurez deviné tout seul, cet ingrédient vient ici dans la recette de la relation aux autres, car sans les deux premiers ingrédients celui-ci ne peut pas entrer dans la composition. Impossible de comprendre quelqu'un si on ne lui montre pas de respect et encore moins si on ne l'écoute pas de manière pleine et active pour faire siens ses propos.

Mais attention, comprendre n'est pas un synonyme d'accepter. On peut comprendre une personne sans être d'accord avec elle. C'est d'ailleurs la base d'un débat sain et constructif.

Revenons maintenant à la compréhension dans les relations que l'on a avec les autres.

Trop souvent, les relations sont polluées par une mauvaise compréhension entre les personnes. Mais je voudrais tout de suite tordre le cou à une idée reçue : ce n'est pas toujours la faute de celui qui écoute !

Alors oui, celui qui reçoit les informations est sujet aux interprétations et a ses propres paradigmes. C'est pour cela que quand vous êtes celui qui écoute, vous devez faire le maximum pour mettre de côté vos propres sentiments, afin de pouvoir ressentir et apprécier les émotions de l'autre. Vous ne pouvez pas vous mettre à sa place, personne ne le peut à part lui, - d'ailleurs je ne supporte pas cette expression mais nous aurons l'occasion d'y revenir plus tard - mais vous pouvez, l'espace d'un instant, vous laisser habiter par ce qu'il dit, ce qu'il vit, ce qu'il exprime sentimentalement parlant afin de pouvoir le comprendre et partager avec lui. Gardez à l'esprit que ce qu'attend l'autre, c'est tout d'abord d'être écouté ; et comme le dit H. Jachson Brown :

"Les gens n'ont pas besoin de conseils, ils ont besoin de compréhension."

Donc quand vous épaulez quelqu'un éviter les : " moi à ta place..." ou encore les " si j'étais toi…"

Je disais donc plus haut que : celui qui écoute n'est pas toujours le fautif de l'incompréhension.

Vous êtes cette fois celui qui exprime un ressenti, une situation et vous souhaitez être compris. Mais si vous n'exposez pas clairement vos souhaits, votre ressenti ou encore tout autre sentiment qui vous habite, vous avez peu de chance que l'autre puisse vous apporter ce que vous attendez.

Soyez clair quand vous voulez être compris. Je sais, ce n'est pas facile dévoiler son intimité comme cela, même à ses proches, il est parfois plus difficile de le faire avec eux d'ailleurs. Mais je vous assure que si vous arrivez à briser le cadenas qui retient vos sentiments profonds et que vous dites clairement et calmement ce que vous désirez à l'autre, alors il pourra vous comprendre. Et si vous l'avez demandé, il pourra vous apporter son aide.

N'attendez pas des gens qu'ils vous devinent ou qu'ils anticipent vos besoins, vous irez vers de grandes frustrations et donc de l'amertume.

L'ingrédient qu'est la compréhension, comme tous les ingrédients qui composent cette recette est basé sur l'échange. Bien souvent, si vous voulez recevoir, il vous faudra donner d'abord. Faites le premier pas, ne laissez pas une question d'ego ou de fierté mal placée venir perturber vos relations aux autres.

Vous voulez être compris : ne faites pas de rétention d'informations et encore moins de sentiments.

Vous voulez comprendre : invitez l'autre à parler, connectez-vous à lui et mettez-le en confiance pour qu'il puisse se libérer de ses mots et de ses maux.

Quatrième ingrédient :

Confiance

"La clef qui ouvre toutes les portes... La confiance."
Charlotte Savary / Et la lumière fut.

Certains prétendent que cet ingrédient se gagne, d'autre qu'il se donne, mais tous sont d'accord pour dire qu'il se perd quand il est trahi.

Soyons clairs, les relations avec les autres sans confiance sont vouées à un échec certain. Car suspicion, doute et méfiance seront omniprésents et aucun échange constructif ne saurait être établi ainsi. La confiance doit être au cœur des relations, qu'elles soient personnelles ou professionnelles.

Tout d'abord, voyons quel est cet ingrédient. La confiance est essentielle à la fondation de relations sincères, profondes et durables. Faire confiance implique de croire en l'honnêteté et l'intégrité de l'autre.

Son étymologie est latine, et se compose de deux mots : "con" qui signifie "avec, et "Fide" qui veut dire "foi". La confiance peut donc être apparentée à un acte de foi, qui consiste à croire en l'autre.

1. Celle que l'on exprime aux autres.

Ici, je ne veux pas rentrer dans un débat sur la confiance, à savoir : est-ce qu'elle se gagne ? Ou, est-ce qu'elle se donne ?

Faire confiance à autrui est un saut dans l'inconnu. Car à y regarder de plus près cela revient à donner la possibilité à l'autre de nous rendre heureux, mais aussi, et c'est malheureux, de nous décevoir. Et c'est pourquoi nombreux sont ceux qui hésitent ou même peuvent trouver difficile de faire confiance.

Les expériences passées construisent la personne que nous sommes. Il n'y a donc rien d'étonnant que certains qui sont passés par des moments difficiles avec les autres et qui ont vécu une trahison de la confiance accordée soient méfiants et sont amenés à se replier sur eux-mêmes afin de se protéger d'une nouvelle déception.

Pour ma part, et pour être clair, j'ai une recette particulière avec la confiance, je la donne à 100% dès le début de la relation avec l'autre - que celle-ci soit personnelle ou professionnelle - et suis transparent avec ceux à qui je la donne : chaque coup de canif dans le contrat de confiance est équivalent à un retrait sur le compte confiance. Retrait qui ne saurait être remboursé qu'en prouvant que l'erreur a été admise et comprise et qu'elle ne sera plus commise.

Comme vous la confiance que j'ai accordé à certains a été trahie, voir bafouée et j'ai donc fait sortir de mon cercle de vie les personnes qui n'étaient pas dignes de ma confiance.

Si je peux me permettre un conseil à ce niveau, faites-en de même avec votre entourage, ne gardez pas près de vous des personnes qui ont abusé de votre confiance et qui n'ont pas su la reconquérir en étant franches et honnêtes. Il faut considérer la confiance comme un bien précieux et fragile et donc en prendre soin et l'entretenir. Soyez limpide avec vos interlocuteurs sur ce point et faites-leur savoir que votre confiance, même si elle leur est acquise, n'est pas définitive.
C'est à eux d'en prendre soin et de prouver qu'ils sont capable de la garder, et ce que vous soyez de ceux qui la donnent ou de ceux qui pensent qu'elle se gagne.

2. Celle que l'on reçoit des autres.
   La confiance est l'un des plus beaux cadeaux que l'on puisse vous offrir, alors surtout prenez en soin tel un trésor.
   Si vous souhaitez que les autres croient en vous et vous fassent confiance, la première étape est, nous l'avons exprimé plus tôt, de vous faire confiance afin d'inspirer les autres. La seconde étape est de rester honnête et faire preuve de respect autant dans vos paroles que dans vos actes.
   Pour cela soyez toujours droit et franc, respectez vos engagements et allez au bout de ceux-ci. Et si par malheur en cours de route vous vous rendez compte que vous ne pourrez par tenir votre parole alors, mieux vaut

là encore être franc avec votre interlocuteur et lui exprimer les faits en lui faisant comprendre que vous ne pourrez pas aller au bout de l'engagement.

Ceci ne sera pas facile, pour lui et encore moins pour vous. Mais mieux vaut cela plutôt que de "faire l'autruche " et laisser la situation se détérioré. Car à la fin, l'autre s'apercevra que les engagements n'auront pas été tenus et de plus, vous n'aurez rien dit ou fait pour anticiper cela et là à coup sur la confiance sera rompu de son côté.

Pour Inspirer confiance il n'y a pas de solutions magiques, mais voici les ponts qui me semblent importants :

- Montrer de la confiance en soi.
- Avoir confiance en l'autre. Pour recevoir, il faut d'abord donner.
- Soyez transparent et cohérent tant dans vos paroles que dans vos actes. En agissant ainsi vous laissez moins de place au doute et à l'imagination de l'autre.
- Laissez les absents tranquilles. Ceux qui ne sont pas là pour se défendre sont faciles à attaquer n'est n'est-ce pas ? Mais que vont penser ceux qui vous écoutent ? Que vous faites sans doute la même chose " dans leur dos " en leur absence. Et si une discussion s'engage sur un absent, n'ayez pas peur de prendre les devants pour désamorcer une situation qui pourrait le compromettre

avec une phrase telle que : " X n'est pas là, si on atten-dait son retour pour voir cela avec lui ? Il aura ainsi une chance de donner son point de vue et de se défendre."

Cinquième ingrédient :

Accepter les différences

*"Il y a peu de différence entre un homme est un autre,
mais c'est cette différence qui est tout."
William James*

Nous sommes tous différents et nous avons tous notre sensibilité, notre vision de la vie et je dirai même que nous avons nos propres paradigmes.

Nous ne devons pas faire de ces différences des motifs d'éloignements ou de discordes. Il est possible de rester sur ces positions de faire valoir ses idées tout en écoutant, comprenant et respectant celles des autres même si celles—ci sont à l'opposées des nôtres.

Accepter les différences ne signifie pas " dire oui à tout ", mais plutôt que l'on accepte la sensibilité, les idées et le ressenti de l'autre. C'est aussi acquérir la capacité de regarder ses différences sans jugements et sans critiques.

De la différence naît de superbes choses, de superbes cultures je dirai même de superbes personnes Certains me verrons sans doute comme un utopiste ou un doux rêveur, ce serait bien mal me connaitre. Je suis d'ailleurs plutôt quelqu'un de très pragmatique et terre à terre. Mais dans la différence de l'autre je vois une chance d'apprendre quelque chose de nouveau ainsi que l'opportunité de confronter ma vision d'un sujet donné.

Si je ne suis pas d'accord avec ce qui est dit libre à moi de rejeter les arguments de l'autre de façon constructive, en lui expliquant bien que c'est son point de vue que je ne partage pas, ce n'est pas lui que je rejette et que j'accepte sa différence. Et si je m'aperçois que j'avais tort, alors je peux reconnaitre ce tort et remercier l'autre de m'avoir éclairé et de m'avoir donné la possibilité de voir le sujet d'un point de vue différent.

Nous sommes tous différents, noirs, jaunes blancs, bouddhiste, islamiste, catholique, de droite, de gauche... Et pourtant tous humain. Apprenons des différences de l'autre et soyons positif même dans l'opposition. Il est sûr que certains vous mettrons des bâtons dans les roues, à vous de savoir si vous voulez en faire un pont ou une matraque.

En bref je dirai qu'il faut cultiver les différences et non les différends.

Astuce du "chef"

"Pas trop d'isolement ; pas trop de relations ; le juste milieu, voilà la sagesse."
Confucius

Ici, un conseil que j'ai appris à mettre en œuvre depuis peu. Je suis devenu partisan du temps pour soi, et je sais que celui-ci est précieux et nécessaire. Ces moments sont donc très importants, car ils nous permettent, lorsque nous sommes avec les autres, de leur consacrer tout le temps et l'attention dont ils ont besoin.

C'est en étant bien en son fort intérieur que nous pouvons ensuite être au mieux dans nos relations avec les autres. Alors, n'hésitez pas à faire des breaks et à vous retrouver avec vous-même afin de pouvoir ensuite, vous retrouver avec les autres.

Recette 3 : De nouvelles bonnes habitudes

Chapitre trois
Recette 3 : De nouvelles bonnes habitudes

" Nous façonnons d'abord nos habitudes, puis nos habitudes nous façonnent.
John Dryden
Liste des ingrédients :

o   Se lever tôt
o   Rituel du matin.
o   Agissez sur vos cercles d'influences.
o   Apprenez chaque jour.
o   Ayez toujours la fin en tête.

Premier ingrédient :

Se lever tôt

Partir le matin de bonne heure se décide le soir."
Proverbe Malinké

Connaissez-vous l'un point commun entre Alain Ducasse le chef multi-étoilé, Tim Cook PDG de Apple, Robert Iger CEO de Disney ou encore Anna Wintour de Vogue ? Ce sont tous des lève-tôt.

L'adage le dit bien : ceux qui se lèvent tôt alors l'avenir leur appartient, et je dois dire que je suis plutôt d'accord avec cela. Je n'ai jamais été un adepte de la grasse matinée, mais parfois avant il m'arrivait de traîner au lit plus que nécessaire, puis après quelques lectures et un peu d'étude sur le fait de se lever tôt j'ai enclenché l'habitude de me lever tous les matins à 5h30 travail ou pas, ne me laissant, que le dimanche matin, la permission de déborder jusqu'à 8h00.

Vous allez me dire, mais pourquoi s'infliger cela ? Les réponses sont assez claires :

1. **On est moins dérangé le matin.**
   Profiter que la maison dorme encore pour avoir du temps pour vous et bien commencer la journée voilà

qui est engageant non ?

Votre conjoint fini sa nuit, les enfants ne sont pas réveillés, la maison est à vous et les heures qui précédent le lever de votre famille aussi. De plus peu de chance qu'à cette heure-ci le téléphone se mette à sonner, ou encore que vous soyez assaillit de notifications sur votre PC ou votre smart-phone.

Ce temps vous appartient donc totalement pour débuter la journée comme vous l'entendez et faire le point sur la veille et surtout organiser la journée à venir.

2. La volonté est plus forte est importante le matin.

Vous ne le savez peut-être pas, mais notre volonté n'est pas infinie, voyez cela plutôt comme un réservoir et à chaque choix que vous aurez à faire vous puiserez dans ce réservoir. Donc le matin ce réservoir se voit plein et là votre volonté est donc pleine et forte, c'est là que vous pouvez décider d'accomplir les tâches importantes, car il est très probable que vous n'aurez pas forcément la lucidité et le recul nécessaire pour prendre des décisions ou faire des choix qui importent plus tard dans la journée.

J'ouvre ici une parenthèse pour vous présenter un peu l'ingrédient suivant à savoir le rituel du matin. Si chaque décision que l'on prend pioche dans notre réservoir de volonté, il en est de même pour celles qui sembles insignifiantes comme savoir si on va prendre un jus de pomme ou d'orange le matin. En instaurant un rituel vous n'aurez plus ce choix à faire, car tout est programmé et donc vous ne puiserez pas dans votre réservoir de volonté, nous développerons ceci plus loin.

3. **Se lever tôt vous permet de lancer la journée de la meilleure façon qui soit.**

On le sait tous débuter la journée sur une mauvaise impression ou avec un retard n'augure rien de bon pour la suite de celle—ci et bien souvent cela conditionne notre humeur pour le reste de la journée, ou tout du moins de la matinée. En vous levant tôt vous mettez plus de chance de votre côté de lancer la journée sur les rails du succès et aussi vous minimisez les probabilités d'avoir du retard sur votre planning.

Je ne vous cache pas qu'installer cet ingrédient dans votre recette de vie peut être compliqué, surtout si vous êtes un lève-tard et que la couette est votre meilleure amie. Pour vous motiver imaginez la matinée parfaite si vous aviez une heure de plus dans la journée et comment planifier cette heure afin de l'optimiser et de voir le fait de se lever tôt comme une victoire et non pas comme une punition.

Ce que je vous conseille vivement de faire pendant cette heure, c'est de vous bâtir de nouvelles habitudes qui seront positives pour vous. Voyez comme la recette est bien faite, notre prochain ingrédient parle justement de ces nouvelles habitudes.

Deuxième ingrédient :

Le rituel du matin

*N'abrégez pas le matin en vous levant tard ; regardez—
le comme une quintessence de la vie."
Arthur Schopenhauer.*

Vous voilà levé de bonne heure, comme je l'ai indiqué plus haut cette heure est idéale pour mettre en place de nouvelles bonnes habitudes, et nous avons aussi vu que notre volonté n'est pas infinie. Concevez donc ces bonnes habitudes comme un rituel ce qui vous permettra de garder votre capital volonté intacte et de démarrer la journée de la meilleure des manières, avec enthousiasme, organisation et énergie. Pour que cela vous soit concret, je vais vous dévoiler mon rituel du matin sans trop entrer dans les détails, mais je pense que ceci vous donnera une bonne vision de comment mettre en place votre rituel.

- 5 h 30 Réveil : Petite astuce pour les adeptes de "je repousse encore de 5 minutes", placez votre réveil hors de portée de votre lit afin d'être obligé de vous lever. Dans la foulé, je dis bonjour à Oracle qui m'attend chaque matin au bas des escaliers.

- 5 h 35. Méditation 10 minutes
- 5 h 45. Marche énergique avec Oracle 30 minutes.
- 6 h 20. Douche -plutôt fraîche pour le tonus-.
- 6 h 30. Écriture.
- 7 h 30. Planification de la journée et organisation des objectifs quotidiens.

- 7 h 45. Je m'occupe de la famille et profite du petit-déjeuner avec eux.
- 8 h 30. Départ pour le travail.

Voilà dans les grandes lignes le rituel matinal d'un jour de travail typique. Certains vont argumenter que cela est très " militaire", certes ces rituels sont fixes et routiniers, mais en commençant tous les matins comme cela je suis d'attaque pour la journée, je sais que j'ai déjà profité de moments pour moi et que j'ai accompli des choses qui me sont importantes, j'ai l'esprit focus sur la journée à venir, qu'en plus j'ai eu le temps de planifier et d'organiser.

Le rituel du matin est une étape importante vers un mieux—être personnel, faire les choses de manière automatisée vous permet de dégager de la place dans votre esprit pour les choses importantes qui sont à venir dans le reste de la journée. Encore une fois, ce rituel m'est propre, à vous de mettre en place le vôtre afin qu'il corresponde à votre façon de vivre et de vous organiser. Oui, il va falloir faire quelques essais au départ, oui cela va être contraignant dans un premier temps et sans doute votre entourage vous prendra pour un illuminé, mais le bénéfice est réel tant pour vous que pour votre entourage. Pensez au plaisir de prendre le petit-déjeuner avec vos enfants en ayant l'esprit qu'à cela et en échangeant avec eux de façon pleine, car plus tôt dans votre matinée vous aurez fait ce que vous vouliez et que de ce fait vous pouvez vous consacrer à eux au lieu d'avoir l'esprit tourné vers d'autres préoccupations.

Au fil du temps vous verrez votre rituel du matin comme une chose naturelle et vous le vivrez sans contrainte, et je suis même persuadé que les jours où, pour X ou Y raison, vous n'aurez pas pu suivre vos bonnes nouvelles habitudes cela vous manquera et vous aurez à l'esprit le lendemain matin pour pouvoir vous remettre dans le rituel.

Vous aurez sûrement remarqué que dans mon rituel matinal il n'y a pas mention de " lire le journal" ou " écouter les news", cela fait partie d'une chose que j'ai mise en place depuis quelques années, ne se soucier que de son cercle d'influence. Je vous invite à découvrir ce prochain ingrédient dans les lignes qui suivent, mais attention il y a une chose dans ce prochain ingrédient qui va en choquer plus d'un, donc soyez prêts.

Troisième ingrédient :

Agissez sur vos cercles d'influences.

"Ce ne sont pas les influences qui comptent, c'est le choix de ses influences qui est important."
Titouan Lamazou.

Mais qu'est-ce qui nous raconte ? C'est quoi ces cercles d'influences ?
Questionnement bien légitime et voilà l'explication.

Les cercles d'influences sont divisés en trois catégories :

1. *Cercle des préoccupations.*
   Ce sont des choses qui, comme leurs noms l'indiquent, vous préoccupent, mais sur lesquelles vous n'avez aucun contrôle, aucune influence. Quand bien même ces choses vous préoccupent et prennent de la place dans vos pensées, vos actions n'ont aucun effet dessus, passer du temps dessus revient donc à utiliser votre énergie et surtout votre temps pour un résultat nul.

2. *Cercle d'influence.*
   Ici, il s'agit des sujets dont vous n'avez pas le contrôle, cependant vous pouvez influencer leur résultat par vos actions. Cela prend du temps et demande des efforts, mais mieux vaut engager des ressources sur ce cercle d'influence plutôt que sur des choses qui vous préoccupent, car dans le temps vous pourrez voir un résultat

significatif. Il est même possible d'élargir votre cercle d'influence sur la durée par des efforts répétés.

3. *Cercle de contrôle.*
   Là, c'est limpide, ce sont les choses sur lesquelles vous avez un contrôle direct. Évidement des paramètres extérieurs peuvent influencer ces choses, mais vous êtes tout de même en mesure de les améliorer quels que soient les évènements externes.

Pour vous donner des exemples simples et concrets, un des cercles de préoccupation majeur pour la plupart des personnes est la météo. En ce qui concerne le cercle d'influence, l'écologie peut en faire partie et là concrètement si vous vous investissez dans une démarche verte et que vous y consacrez temps et efforts vous pourrez peut—être voir des résultats mesurables sur la durée. Pour le cercle de contrôle, les premières choses qui apparaissent sont vous et votre famille.

Je pense que maintenant vous avez une vision plus claire de ce que peuvent être les cercles d'influences.

Pour ma part, j'essaye au quotidien de faire abstraction du cercle des préoccupations. Pour ce faire, je me suis mis au régime.

Quel rapport me direz-vous ? Aucun avec le poids, c'est un régime assez particulier que je vais vous présenter, il s'agit de la diète médiatique. Ce qui veut dire que depuis bientôt trois ans (au jour où j'écris ces lignes) je n'ai pas ouvert un journal, je n'ai pas suivi de journal télévisé, consulté un site d'information ou écouté un journal à la radio. Je vous avais bien dit à la fin de l'ingrédient précèdent que j'allais vous choquer. Pour autant, je ne suis pas coupé du monde, mais j'ai fait le choix de ne plus suivre les informations, ou en tous cas de les choisir. Soyons honnête plus de 90 % des informations que dispensent les journaux vous sont inutile et par-dessus cela vous n'avez aucune influence sur ces dites informations.

Non-content de nous assommer de ces informations, les médias transportent en plus négativité et pessimisme : guerre, chômage, meurtre, taxe catastrophes en tous genres.... Toutes ces informations viennent donc faire bouchon dans votre cerveau et vous empêchent de vous concentrer sur ce qui compte réellement pour vous.

Mon conseil à ce niveau est de squizzer les informations généralistes et si vous voulez rester informer sur des sujets précis, je vous suggère de filtrer l'information qui rentre chez vous, de cette façon vous restez connecté au monde selon vos critères. Si par exemples vous souhaitez resté informer des dernières découvertes scientifiques, inscrivez-vous sur un site tel que " Futura Science", si ce sont les nouvelles de votre environnement de travail qui vous intéressent, lisez la presse spécialisé du domaine. Quoi qu'il en soit, on ne peut pas être totalement hermétiques aux informations, en se baladant dans la rue vous verrez les gros titres de la presse du kiosque à journaux du coin, et durant la pause déjeuner, il y aura toujours un collègue pour lancer une discussion sur ce que lui aura vu ou entendu des journaux. Vous ne serez jamais un ermite de l'information, mais vous pouvez choisir ce qui rentre comme information pour vous.

Il peut être difficile de se sevrer des médias d'informations, mais pourquoi ne pas tenter l'expérience sur un mois ou une semaine pour débuter pour voir ce que cela peut vous apporter ? Et ne vous inquiétez pas, le monde ne s'arrêtera pas de tourner si vous décidez de tourner le dos à toutes ses sources de négativité.

Pour ce qui est du cercle d'influence, je vous conseille de ne pas trop vous disperser. Mieux vaut choisir un, deux voir maximum trois sujets sur lesquels vous voulez vous pencher. Nous l'avons évoqué plus haut vous n'avez pas de contrôle sur ces choses, mais vous pouvez à force de temps et d'efforts entreprendre des actions qui auront du sens pour vous et qui seront mesurables sur la durée. Si vous vous dispersez trop vous n'aurez pas le sentiment d'avancer ou de faire avancer les choses mieux donc vos concentrer les actions sur peu de sujets et de voir les progrès. Pour le reste, et même si au départ cela peut vous coûter émotionnellement, laissez cela dans la zone des préoccupations, donc squizzer les tout simplement.

Pour le dernier cercle, vous y consacrez sans doute déjà beaucoup de temps et d'énergie dedans, et c'est tant mieux. De plus avoir sortir de votre esprit tout ce qui est dans le cercle des préoccupations met à votre disposition plus de temps et de potentiel pour investir plus dans votre cercle de contrôle. Vos actions vont s'en trouver renforcées et les résultats seront certainement plus rapide et visible et ce même si des événements extérieurs surviennent.

En bref, vous l'aurez compris, consacrez vos efforts et vos améliorations sur les cercles de contrôle et d'influence.

Quatrième ingrédient :

Apprenez chaque jour.

"Apprendre sans réfléchir est vain. Réfléchir sans apprendre est dangereux."
Confucius.

Tenez-le-vous pour dit : il n'est jamais trop tard pour apprendre.

Alors vous allez me dire :" Hervé, tu veux qu'on fasse de la méditation, de l'exercice physique, et là en plus tu veux qu'on apprenne quelque chose chaque jour. Crois-tu que nos journées soient extensibles ?"

Non, je ne le crois pas et je sais que le temps est la valeur la plus précieuse que l'on est sur cette planète, car c'est la seule que l'on ne peut pas capitaliser. Mais si votre temps est si précieux, ne croyez-vous pas qu'il serait préférable de l'investir un peu plus sur vous, plutôt que de regarder un énième épisode d'une série ou encore rester scotché sur une vidéo de chatons qui se réveillent (oui, je sais, c'est très petit ça, car ils sont tellement mignons ces chatons.). Il est important d'avoir des moments détentes, je ne le nie pas, mais peut-être pouvez-vous réduire votre temps "télé" afin de pouvoir vous enrichir culturellement et intellectuellement.

Pour un apprentissage quotidien, un maximum de 20 minutes suffit et pour débuter 10 sont idéales afin de vous familiariser avec ce nouvel ingrédient, de l'apprécier et en redemander. Mais quoi apprendre me demanderez-vous ?

Il y a plusieurs canaux d'apprentissage et cela dépendra bien sûr de vous et de vos souhaits.

Imaginons que vous voyagez régulièrement à l'étranger, alors pourquoi ne pas apprendre une nouvelle langue ou alors perfectionner une langue que vous avez apprise à l'école. Il y a pas mal d'applications pour l'apprentissage des langues, ma préférée et celle que je recommande donc est Duolingo. Cette appli est gratuite et très bien conçue, elle s'adapte à votre niveau suite à un petit test à la première utilisation. En ce qui me concerne, j'ai perfectionné mon anglais, retrouvé les bases de l'italien que j'avais perdu après la scolarité et commencé à apprendre l'espagnol. Les séances pour chaque langue ne dépassent pas 5 à 7 minutes et les résultant sont vite mesurable et vous pouvez aussi challenger d'autres utilisateurs voir même des amis qui utilisent l'appli. Un autre exemple, si vous souhaitez améliorer votre mémoire, votre attention et d'une manière générale le traitement et la résolution de problème alors penchez-vous sur Lumosity. Cette application propose 3 minis jeux par jour gratuitement avec mesure de vos progrès dans divers domaines du " brain training", là encore 10 minutes par jour suffisent pour votre entraînement.

Bien sûr, les livres sont une des meilleures sources d'apprentissage, mais là encore n'oubliez pas que la démarche de lecture d'apprentissage doit être quelque chose de volontaire. N'achetez pas un livre pour qu'il finisse sur votre bibliothèque pleine de poussière. Voyez cet achat comme un vrai investissement sur vous.

Pour moi, les livres sont magiques. Et oui, ils permettent de voyager loin dans le temps et de rencontrer les plus grands penseurs des années, des siècles passés. Vous pouvez trouver des œuvres incontournables dans lesquelles vous croiserez la route des monuments de la littérature et vous inspirez d'eux, vous pourrez aussi apprendre ou vous perfectionner dans un domaine précis, ou encore découvrir des mondes ou des sujets qui vous sont inconnus et pourtant si enrichissant. Ouvrir un livre s'y plonger est un acte qui vous apportera toujours de la valeur, car quel que soit la nature du livre, roman, fiction, didactique ou même un livre de cuisine, celui-ci vous apportera toujours quelque chose de nouveau. Émotion, connaissance, savoir-faire… Et pour terminer ce passage sur les livres, je ne peux m'empêcher de vous livrer la citation de Georg Christoph Lichtenberg (Physicien et écrivain allemand 1742 - 1799) :

"Si un livre et une tête se heurtent et que cela sonne creux, le son provient-il toujours du livre ?"

Quant aux vidéos sur les plates-formes comme Youtube, évidemment, ce sont des sources très importantes de contenu d'apprentissage. Imaginez, vous avez même accès aux meilleurs cours dispensés dans les universités du monde entier depuis votre canapé ! Alors pourquoi s'en priver ?

Notez bien que toutes les sources que je vous donne ici ont un point commun non négligeable, elles sont toutes accessibles pour des coûts très faibles voir nuls ! On est d'accord que vous aurez à supporter de temps à autres quelques publicités passagères, mais il faut bien que tout le monde vive non ? Blague mise à part avoir de telles ressources, pour votre "auto—éducation", gratuite peu coûteuses et disponibles H24 et ne pas s'en servir, je serai tenté d'appeler cela : utiliser son intelligence à ses dépens.

Vous pouvez programmer vos 10 minutes d'apprentissages quotidiens le matin dans votre rituel, ou alors pendant la pause déjeuner pourquoi pas. Une dizaine de minutes par jour, vous trouvez cela peut être ridicule et vous vous dites "qu'est-ce que ça peut bien changer au final ?"
Faisons ensemble un simple calcul, disons que vous prenez 10 minutes par jour pour apprendre/perfectionner l'anglais, vous y consacrez 6 jours par semaine, car vous vous dites après tout que dimanche : c'est repos. On est donc à une heure par semaine, soit 4 heures par mois, ce qui nous donne 48 heures par an.
Croyez-moi ces 48 h par an pour apprendre l'anglais seront un investissement de temps très profitable.

Ce qu'il faut garder à l'esprit pour apprendre quelque chose de nouveau tous les jours, c'est que cet acte doit être volontaire et fait par envie et non pas par obligation. Dans une prochaine recette, je ferai un comparatif entre ce qu'on apprend à l'école et ce que j'appelle "l'auto—éducation", vous verrez que c'est assez surprenant, comprenons-nous bien je ne dis pas qu'il ne faut pas aller à l'école, je soulève juste le fait que l'on peut "pirater" son éducation pour aller plus vite et apprendre des choses utiles.

Apprendre doit être et rester une source de plaisir car c'est de là que viendra votre motivation a le faire. Ce qui fait la différence entre ce que vous êtes et ce que vous voulez devenir, c'est ce que vous faites. Restez un gourmet de la vie, soyez un gourmet de la connaissance.

Le petit truc du "chef" :
Pour l'apprentissage de la langue étrangère, si en plus vous arrivez à intégrer celle-ci dans certains aspects de votre quotidien, en regardant des documentaires, films ou séries en versions originales par exemple, vos progrès seront encore plus rapides.

Cinquième ingrédient :

Ayez toujours la fin en tête

"Il faut continuellement commencer par la fin."
Stanislaw Jerzy Lec / Nouvelles pensées échevelées.

Cet ingrédient va sûrement être un peu gênant, voir perturbant au début, car on n'est pas habitué à penser " à la fin", mais il est très riche d'enseignement.

Un petit exercice pour commencer, imaginez-vous le jour de vos 90 ans, vous avez eu une fête d'anniversaire et les seuls cadeaux que vous avez demandé aux personnes présentes, c'est d'écrire une lettre sur vous.
Que voudriez-vous retrouver dans ces lettres ?
Que souhaiteriez-vous que les gens gardent vous ?
Je vous invite à vous asseoir avec une feuille blanche et un stylo et décrire ce moment comme si vous étiez maintenant, avec un maximum de détails. Quelles sont les personnes présentes (conjoint, famille, amis, collègues de travail…) ? Que trouvez-vous dans les lettres ? Que ressentez-vous ? Il vous faudra un peu de temps, et de la concentration pour vous immerger dans la situation. Mais une fois les premières lignes écrites, vous allez vous apercevoir que noircir la feuille vous libère l'esprit et exprimes vos émotions sur ce moment futur.

Comme beaucoup, je pense que vous voulez qu'on se souvienne de vous comme une personne qui a apporté de la valeur de son vivant.
Voilà pourquoi, chacun d'entre nous, devrait partir de la fin, définir ses objectifs principaux et déterminer le chemin pour y arriver

et tout mettre en œuvre pour cela. Ce principe vaut pour la vie en général, c'est évident, mais on peut l'appliquer pour tout but que l'on veut atteindre.

Bien définir ce but, visualiser ce que celui-ci nous apportera et surtout ce qu'il pourra apporter aux autres, et de là définir le projet de construction pour parvenir à ses fins. Je suis d'accord pour dire que pour partir à Rome le premier pas, c'est de se diriger vers sa porte d'entrée, mais si on ne définit pas le but, alors le premier pas ne sera pas fait dans une démarche de réalisation.

Astuce du "chef"

"Une fois, c'est une erreur, deux fois, c'est une mauvaise habitude."
Proverbe québécois.

Nous avons tous de bonnes et de mauvaises habitudes, c'est humain après tout.
Voici ci-dessous 4 étapes pour éliminer les mauvaises habitudes.

1. *Recenser vos habitudes principales.*
   Prenez une feuille et un stylo, mettez-vous au calme, déroulez dans votre tête une journée type et extrayez en 20 habitudes que vous avez.
   Ne vous jugez pas, soyez juste francs et listez les.
   Cela peut être une habitude très anodine, comme le carré de chocolat de 16 h 00, une habitude qui s'est mise en place naturellement, comme prendre le café du matin en regardant les infos, ou quelque chose qui a demandé un réel effort au début, méditer 10 minutes chaque matin, ou encore lire 30 pages avant de se coucher. Je me répète le but est d'avoir 20 vraies habitudes qui caractérisent votre journée, les premières viendront vite noircir la feuille, pour les autres ça sera peut-être plus compliqué, mais soyez sûr d'arriver à 20.

2. *Classer les habitudes.*
   Laissez poser un peu cette liste, puis revenez-y l'esprit clair afin de pouvoir les classer comme "bonne ou

"mauvaise".

Si vous le voulez pour cette étape faites-vous aider par un proche qui aura un regard externe et qui pourra peut-être vous aider pour les classer, mais habituellement en étant objectif et sincère, on classe facilement ses habitudes.

3. *Remplacer les mauvaises habitudes.*

Après avoir pointé ses mauvaises habitudes, décidez ce que vous pouvez faire pour les supprimer ou alors les remplacer par de meilleures. Par exemple, si vous avez noté que vous jouez 1 h 30 sur votre console, attention, il faut savoir aussi garder des moments détentes, c'est important. Passez à 45 minutes et placez l'apprentissage d'une langue ou alors la lecture d'un livre sur les 45 autres.

4. *Passer à l'action.*

Mettez en place une stratégie pour changer vos mauvaises habitudes en bonnes. Ciblez la mauvaise habitude qui vous semble la plus simple à changer, et attelez-vous à le faire dans un temps imparti. Vous aurez vite les retours positifs de ce changement et vous pourrez vous en féliciter, n'oubliez pas que c'est important de le faire d'ailleurs. Cette roue vertueuse que vous aurez commencé à faire tourner, vous donnera l'énergie nécessaire pour vous attaquer à la prochaine mauvaise habitude. Cela demandera temps et efforts, mais pas après pas vous aurez supprimé ou échangé vos mauvaises habitudes, et cela, pour devenir un meilleur vous.

Postface

Rendez-vous dans le Tome 2 qui sera consacré au temps. Merci encore à vous qui avez tourné ces pages.

Remerciements

- A ma merveilleuse compagne Delphine pour son soutien sans faille.

- A ma famille et mes amis pour les encouragements.

- A Ilsa pour ses corrections et ses annotations.

- A vous chères lectrices et lecteurs.

- A Oracle pour m'avoir tenue compagnie lors de ces moments d'écritures.

Composition et mise en page réalisées
par Mina Hervé